늑대 뛰어넘기

Outlearning the Wolves

Learning Fable Series
Outlearning the Wolves

늑대 뛰어넘기

데이비드 허친스 지음 · 김철인 옮김

바다출판사

Original publication information Outlearning the Wolves : Surviving and Thriving in a Learning Organization
by David Hutchens; illustrated by Bobby Gombert
Copyright © 1998 by David Hutchens
Illustrations © Pegasus Communications, Inc.
Korean translation copyright © 2001 by BADA Publishing Co.
This Korean edition is published by arrangement with Pegasus Communications, Inc.
All rights reserved. No part of this book may be reproduced or transmitted in any form or by any means,
electronic or mechanical, including photocopying and recording, or by any information storage or retrieval system,
without written permission from the publisher.

이 책의 한국어판 저작권은 Pegasus Communications, Inc.와의 독점계약으로 바다출판사에 있습니다.
저작권법에 의해 한국 내에서 보호를 받는 저작물이므로 무단전재와 무단복제를 금합니다.

차례

1. 늑대와 양에 관한 진실 · 7
2. 오토의 꿈 · 21
3. 양들, 머리를 모으다 · 39
4. 연못가의 환호 · 63

〈늑대 뛰어넘기〉 깊이 읽기 · 79

1

늑대와 양에 관한 진실

늑대입니다.

양입니다.

늑대는 양을 잡아먹습니다.

뭐 잘못된 거라도 있나요?

늑대는 언제나 양을 잡아먹어 왔습니다.
그리고 앞으로도 계속 양을 잡아먹을 것입니다.
만약 여러분이 양이라면,
이것은 피할 수 없는 삶의 진실입니다.

양떼 한 무리가 아름다운 푸른 초원에서 함께 살고 있었습니다.

그러나 그들의 삶은 평화롭지 못했습니다.
늑대들이 초원 위로 공포의 그림자를 드리우며 끊임없이 위협하고 있었기 때문입니다.

이따금 양들은 아침에 잠에서 깨어나, 그들 중 한 마리가 사라진 것을 발견하곤 했습니다.
바로 늑대에게 잡아먹힌 것이지요.

양들이 살고 있는 들판에는 날카로운 가시가 돋친 철조망 울타리가 빙 둘러쳐져 있었습니다.

하지만 어찌된 일인지 늑대들은 계속 왔습니다.

그렇게 언제 늑대에게 잡아먹힐지 모르는 상태로 산다는 건
무척 괴로운 일이었습니다.

그런데도 해를 거듭할수록 양들의 수는 점점 더 늘어만 갔습니다.
다만, 가끔씩 양들이 늑대에게 잡혀가는 것은 어쩔 수 없는
일이었지요.

이들은 지금까지 그렇게 살아왔습니다.

2

오토의 꿈

이 양은 오토입니다.

오토는 이 장의 끝 무렵 갑작스레 죽음을 맞게 됩니다.

그러니 그에게 너무 정을 주진 마세요.

오토는 양들이 늑대의 공격에 대해 체념하고 있는 현실이
슬펐습니다.

"나에게는 꿈이 있어."
오토는 언덕 위에 앉아 다른 양들이 다 들을 수 있도록 말했습니다.
"언젠가 양들이 늑대의 아침식사 거리로 더 이상 죽지 않아도 되는
그런 날이 오리라는……."

"그건 말도 안 돼."
쉐프라는 양이 말했습니다.
"넌 늑대를 막을 수 없어. 우리 조상들이 한 말을 생각해봐.
'매일 태양이 뜨듯, 늑대는 어김없이 온다'고 했잖아?"

"그래, 맞아. 난 오히려 우리가 칭찬받을 만하다고 생각해."
또 다른 양이 말했습니다.
"우린 늑대의 위협 속에서도 계속해서 수가 늘어왔잖아?
자, 얼마나 많은 양들이 있나 보라고!"

이런 말들은 오토를 더욱 슬프게 했습니다.

"늑대가 있는 한, 우리 양들의 수가 아무리 많다고 해도
그건 반쪽짜리 진실에 지나지 않아."
오토가 말했습니다.
"우리의 약점을 정면으로 바라보기가 두려운 나머지 수가 많다고 안도하는 것일 뿐이야."

오토는 계속해서 말했습니다.
"우리는 항상 늑대를 막을 수 없다고 말하지만, 정말 그런지 어떻게 확신할 수 있지?"

컬리라는 양이 대답했습니다.
"그건 확실해. 왜냐면 울타리가 있어도 어쨌든 늑대를 막지 못하니까. 처음에는 울타리가 늑대를 막아줬지만, 늑대들은 곧 울타리 뛰어넘는 법을 배웠어. 늑대들은 정말 빨리 배워."

"그럼, 우리는 더 빨리 배워야 해."
오토가 말했습니다.
"우리는 끊임없이 배우는 양떼가 되어야 해."

"하지만 우리는 이미 배우고 있잖아?"
쉐프가 조금 화가 난 듯 말했습니다.
"며칠 전 난 발에 박힌 가시를 이빨로 뽑는 법도 배웠다구."

(그러자 다른 양들, 특히 발에 가시가 박힌 양들은 그들의 두툼한
털눈썹을 치켜올리며 커다란 관심을 보였습니다.)

"그리고 난 구멍 파는 법을 배웠어. 이것 봐!"
땅을 열심히 긁어 파면서 기기가 말했습니다.

"음, 나는 코로 돌을 밀어 더미를 쌓을 수 있어."
제롬이 한마디 거들었습니다.

양들은 이런 새로운 사실들을 알게 되자 몹시 흥분해
웅성거렸습니다. 우리 인간들에게는 너무나도 쉬운 일들이지만,
양들의 세계에서는 정말 혁신적이고 유용한 것들이었으니까요.

"이런 것들을 배우는 건 좋은 출발이야.
우리 모두 이런 아이디어들을 함께 나누어야 해."
오토가 기운이 좀 나는 듯 말했습니다.

"하지만 늑대의 위협 아래서 살아남기 위해서는 아직도 부족해.
우리가 진정으로 배우는 양들이 되기 위해서는 다른 종류의 학습이
필요해."

그러자 양들은 모두 말없이 땅을 내려다보았습니다.
그들은 오토의 말을 이해하기 위해 무척 애쓰고 있었습니다.

잠시 후, 컬리가 말했습니다.
"우리가 둥그렇게 모여 함께 잠을 자면 어떨까?"

오토가 계속 말해보라고 몸짓을 했습니다.

컬리가 말했습니다.
"그러니까 내 생각엔, 우리가 여기저기로 흩어지지 말고
떼지어 같이 자면 더 안전할 것 같아.
그러면 늑대들도 우리를 공격하기가 더 어려울 거야."

"하지만 그런 식으로는 늑대 문제를 해결할 수 없을 텐데……."
작은 새끼양 마리에따가 말했습니다.
그러나 아무도 마리에따의 말에 귀기울이지 않았습니다.
모든 양들은 컬리의 아이디어에 몹시 흥분해 있었습니다.

"그래, 맞아! 오늘 밤 늑대에 대항해서 우리 모두 함께 모여 자자.
배운다는 건 정말 좋은 것 같아!"
모두들 이렇게 말했습니다.

오토는 학습에 대한 이들의 태도가 너무 즉흥적인 것 같아 당혹스러웠습니다. 그래도 그들이 최소한 한 가지 목표를 위해 뭉치고 있다는 사실을 위안으로 삼았습니다.
첫걸음치고는 괜찮았습니다.

'내가 할 수 있는 최소한의 일은 오늘 밤 자지 않고 다른 양들을 지키는 거야.'
오토는 이렇게 생각했습니다.

(이 때문에 오토는 죽음을 맞이하게 됩니다. 하지만 오토는 더 좋은 곳으로 가니까, 걱정하지 마세요. 그곳에서 오토는 옛 친구들과 만날 테니까요.)

그날 밤, 오토는 어두운 밤하늘과 무리 지어 모여 있는 양들을 번갈아 바라보았습니다. 한여름의 밤하늘 위로 초승달은 높이 떠 있었고, 양들은 금세 곤히 잠들었습니다.

다음 날 아침, 오토는 사라져버렸습니다.

3

양들, 머리를 모으다

다음 날 아침,
잠에서 깬 양들은 오토가 사라진 것을 알고 큰 충격을 받았습니다.

"오토는 정말 좋은 양이었어."
쉐프가 한숨을 쉬며 말했습니다.

"그래. 오토는 우리가 더 나은 미래를 꿈꿀 수 있게 해줬어."
컬리가 말했습니다.

"오토의 털은 눈처럼 희었지."
뒤쪽에서 누군가가 말했습니다.

제롬은 아무 말 없이 코로 돌을 밀어 더미를 쌓고 있었습니다.
그것이 이 상황에서 그가 할 수 있는 최선이라는 듯…….

그런데 갑자기 분위기가 험악해졌습니다.

"늑대들 때문이야! 이 모든 게 다 늑대들 때문이라고!"
컬리가 소리쳤습니다.

"이제 우리는 어떻게 해야 하지? 늑대들은 똑똑하고 강해. 우리는 늑대를 막을 수 없어. 늑대만 없다면 우린 훨씬 행복해질 텐데."
쉐프가 울먹이며 말했습니다.

"저 쓸모 없는 울타리가 조금만 더 높았다면, 늑대들이 뛰어넘을 수 없을 텐데."

낙심한 양들은 비참한 기분으로 그렇게 앉아 있었습니다.

마침내 새끼양 마리에따가 다시 입을 열었습니다.
"어째서 늑대들은 매일 오지 않고 가끔씩만 오는 거지?"

양들은 혼란스러웠습니다.

마리에따가 계속해서 말했습니다,
"만약 늑대들이 정말 똑똑하고 언제든지 울타리를 뛰어넘을 수 있다면, 왜 매일 밤 오지 않는 거지? 만약 내가 늑대라면 매일 밤 와서 양들을 마음껏 잡아먹을 텐데 말이야."

양들은 더욱 혼란스러웠습니다.

마리에따가 말했습니다.
"어쩌면 늑대가 오는 걸 막을 수 없다는 우리 생각이 틀렸을 수도 있어. 뭔가가 늑대들이 매일 오지 못하게 막고 있는 거야."

"그래서 무슨 좋은 생각이라도 있니, 마리에따?"
쉐프가 물었습니다.

"오토가 했던 말과 같아. 우리는 배워야 해. 그것도 모두 함께. 그리고 늑대보다 더 빨리 배워야 해."

"이미 그렇게 했잖아. 그런데 오토가 어떻게 됐는지 봐."
쉐프가 말했습니다.

"그건 우리가 시작한 지 얼마 안 돼서 그런 거야.
일어난 일들을 생각해봐. 우리는 지금까지와는 다른 것을 시도했어.
그런데 결과는 같았어. 이게 무슨 뜻이라고 생각해?"

모두 마리에따의 질문에 중요한 의미가 있다고 생각했지만,
아무도 그 질문에 답할 수는 없었습니다.

마리에따가 설명했습니다.
"내 생각에, 단지 우리가 일을 하는 방법을 바꾸는 것만으로는
부족한 것 같아. 우리는 좀더 큰 비전을 갖고, 더 넓게 볼 수 있어야
해. 우리는 어떻게 다르게 배울 수 있는가를 배워야 해."

"어떻게?"
모두가 궁금해했습니다.

"우선 세 가지 일을 시작해야 해.

먼저, '언젠가 양들이 더 이상 늑대에게 잡아먹히지 않게 될 날'에 대한 오토의 꿈을 기억해봐. 이제부터 우리가 배우는 모든 걸 그 비전을 실현하는 데 이용하는 거야.

둘째로, 모두들 늑대가 너무 똑똑해서 막을 수 없다고 하지만, 우리 스스로 그렇다고 성급하게 단정지어 버린 건 아닐까?
사실은 그렇지 않다면 어떨까?

셋째로, 어떻게 일을 다르게 할 수 있는지 다 함께 생각해보자.
늑대를 막기 위해서 우리가 해야 할 일이 뭘까?
우리가 늑대라면 어떻게 할까? 밖으로 나가서 뭐든 정보를 모아보고, 할 수 있는 한 늑대에 관해 많은 걸 알아보는 거야.
그런 다음 각자 모은 정보를 함께 나눠보자.

각자 생각해보고, 오늘 오후 여기서 다시 만나 얘기해보는 게 어때?"

마리에따의 제안대로 양들은 일단 흩어져서 골똘히 생각에 잠기기 시작했습니다.

몇몇 양들은 마리에따의 생각에 반대했습니다.

"학습, 그거 좋은 거지.
하지만 늑대를 막을 수 있을 만큼 울타리가 높지 않다면,
우리가 할 수 있는 건 아무것도 없어.
우리는 울타리를 높이 세울 만한 도구가 없는걸."

"이건 우리 조상에 대한 모욕이야.
조상들은 늑대가 오는 건 어쩔 수 없는 삶의 진실이라고 가르쳤어.
그 조그만 녀석이 우리의 소중한 유산을 조롱거리로 만들고 있군."

그러나 어떤 양들은 마리에따의 말을 가슴 속 깊이 새겼습니다.

"마리에따의 말이 맞아.
늑대들은 항상 어떤 특정한 시기에만 오는 것 같아.
왜 그럴까?"

"작년 여름 가뭄이 들었을 때,
늑대들은 보통 때보다 훨씬 자주 왔지, 음……."

"아마 늑대들은 울타리를 넘어서 오는 게 아닐지도 몰라.
울타리는 꽤 높으니까…….
그렇게 높은 울타리를 뛰어넘을 수 있는 동물은 아마 없을 거야."

그날 오후, 양들은 다시 모여 회의를 열었습니다.
그들은 대단히 흥분되어 있었습니다.

(회의 출석자가 굉장히 많았습니다.
제롬은 출석한 양의 수를 세기 시작했습니다. 한 마리, 두 마리, 세 마리
…… 그런데 웬일인지 제롬은 갑자기 졸음이 밀려와 세는 것을 포기해야
했습니다.)

쉐프가 회의를 시작했습니다.
"여러분, 우리는 오늘 우리의 소중한 친구 오토를 추모하기 위해 이 자리에 모였습니다. 우리는 늑대 때문에 희생되는 양이 더 이상 없기를 바랐던 오토의 꿈을 기억합니다.
뭔가 함께 나눌 의견이 있는 분 계십니까?"

양들은 서로서로 의견을 말하기 시작했습니다.

그들은 특히 늑대가 정말 울타리를 넘을 수 있는가에 대해 집중적으로 이야기했습니다.

그리고 늑대가 특별히 자주 오는 시기에 대해서도 토론했습니다.
늑대들은 비가 많이 오고 난 후에는 잘 오지 않고, 덥고 건조할 때는 자주 오는 것 같았습니다.

그들은 또 자신들이 늑대에 대해 오랫동안 가졌던 신념을
다시 생각해보는 것이 얼마나 힘들었는지를 솔직히 털어놨습니다.

단지 이런 문제에 대해 이야기를 하는 것만으로도 양들은
힘을 얻고 희망을 가질 수 있었습니다.

그때 갑자기, 컬리가 숨을 헐떡이며 매우 흥분해서 뛰어왔습니다.

"이쪽으로 와봐, 빨리!"
컬리가 외쳤습니다.

양들은 무슨 영문인지도 모른 채, 컬리를 따라 뛰어갔습니다.

4

연못가의 환호

양들은 컬리를 따라 1마일 정도를 달려갔습니다.

이윽고 그들은 작은 개울이 흐르는 울타리 경계에 도착했습니다.
그 개울은 양들이 항상 물을 마시는 곳이었습니다.
물론 늑대가 무서워서 이렇게 울타리 가까이까지 온 적은 없었지만
말입니다.

"이걸 봐!"
컬리가 개울 바로 위의 철조망 울타리를 가리키며 말했습니다.
개울물 바로 위 철조망 가시 사이에 작은 양털뭉치가 끼여
있었습니다.

컬리가 말했습니다.
"마리에따의 질문에 대해 생각하면서 여기저기를 둘러보다가
이걸 발견했는데, 무슨 뜻인지 잘 모르겠어."

양들은 어리둥절해서 서로 쳐다보았습니다.

마침내 누군가가 소리쳤습니다.
"알았다! 늑대들은 울타리를 넘어왔던 게 아니야.
울타리 아래로 기어왔던 거야."

또 다른 양이 흥분해서 덧붙였습니다.
"그래, 맞아! 가물 땐 개울물이 마르니까, 바로 그때 늑대들이
울타리 아래로 기어 들어왔던 거야."

또 다른 양이 외쳤습니다.
"비가 온 후에는 개울물이 깊어져 밑으로 올 수 없었던 거고."

양들은 더욱 더 흥분했습니다.

"그러니까, 이건…… 늑대들은 수영을 못한다는 뜻이구나!"
이런 사실을 깨닫고 양들은 모두 실컷 비웃어댔습니다.

결국 늑대들이 대단히 영리했던 것은 아니었습니다.

"근데, 한 가지 문제가 있어."
누군가가 말했습니다.
"우리가 비 오는 시기를 조절할 순 없잖아.
우리 목숨은 여전히 늑대 손에 달려 있어. 이제 우리가 할 수 있는 건
날씨가 우리에게 유리하기를 기도하는 것뿐이야."

갑자기 모든 양들이 조용해졌습니다.

그때 기기가 말했습니다,
"지금 우리는 다시 문제를 잘못 생각하고 있는 것 같아.
우리가 날씨를 조절할 수 없는 건 사실이야.
하지만 물의 흐름을 조절할 수는 있어. 이걸 봐."
그리고 기기는 울타리 아래의 땅을 열심히 파서 웅덩이를 만들기
시작했습니다. 곧 몇몇 양들이 기기를 돕기 시작했습니다.

누군가가 외쳤습니다.
"그렇게 거기 서 있지만 말고 모두 좀 와서 도와줘!"

"음…… 나는 코로 돌을 밀어서 둑을 쌓을게."
제롬은 이렇게 말하고 주위의 돌을 열심히 모아 둑을 쌓기
시작했습니다.

쉐프는 곁에 서서 웅덩이를 파고 있는 양들의 발에 박힌 가시를
뽑아주었습니다.

곧 울타리 주위에 작은 연못이 생겼습니다.

양들은 자신들이 이뤄놓은 것을 보자 매우 신이 나서 소리지르며 기뻐했습니다.

(그들이 모두 함께 내는 울음소리는 대단히 시끄러웠지만, 여러분이 만약 양이라면 그것이 대단히 기쁠 때 내는 함성이라는 걸 알 수 있었을 것입니다.)

며칠 후, 양들은 자신들이 만들어놓은 아주 멋진 연못 주위에 모여 함께 물을 마시며 놀았습니다.

무엇보다 좋은 것은,
이제 늑대들이 더 이상 오지 않는다는 사실이었습니다……

양들이 사라지는 일도 없어졌습니다……

…… 두려움도 사라졌습니다.

"우리가 배우는 양이 돼서 정말 기뻐."
양들은 밤에 편안히 드러누워 이렇게 말하곤 했습니다.

"이제 앞으로 더 이상 늑대에게 잡아먹히는 끔찍한 일을
당하지 않아도 된다고 생각하니까 너무 좋아."

그러나 그렇지 않을 수도 있습니다.

끝

〈늑대 뛰어넘기〉 깊이 읽기

지금쯤 여러분은 이렇게 묻고 있을지도 모릅니다,

"왜 내가 늑대와 양에 관한 이런 우화를 읽느라고 귀중한 시간을 허비했지?"

좋은 질문입니다. 그러나 이 우화의 익살스러운 분위기가 전부라고 생각해서는 안 됩니다. 학습에서 가장 중요한 부분은 재미입니다. 그리고 이 책 속의 은유는 우리가 살아가는 이 세상에 대한 새로운 진실을 밝혀줄 것입니다.

여러분은 이 양들의 이야기를 통해, 우리들이 날마다 일하는 방식에서부터 전세계의 조직들이 비즈니스하는 방식에 이르기까지 폭넓게 적용될 수 있는 지혜를 배우게 될 것입니다.

학습문화가 조직을 살린다

　학습문화란 무엇일까요? 어떻게 학습문화를 제도화할 수 있을까요? '학습'의 진정한 의미는 무엇일까요?

　앞의 이야기에서 오토가 학습에 대해 말했을 때, 쉐프는 조금 방어적인 태도를 보입니다. 쉐프는 "하지만 우리는 이미 배우고 있잖아?" 하고 항의합니다. 이러한 방어는 자연스러운 반응입니다. '학습문화를 창조해야 한다'고 말하는 것은 마치 지금까지는 전혀 학습하지 않았다는 의미처럼 들립니다. 그러나 반드시 그렇다는 것은 아닙니다. 중요한 것은 학습을 제도화하는 것, 즉 학습을 문화, 프로세스, 시스템, 기술로서 정의하고, 조직의 학습 능력을 향상시키고 지속적인 학습이 가능한 구조를 만들어가는 것입니다.

　이야기의 첫 부분에서 양들이 땅을 파거나 발에 박힌 가시를 뽑는 것과 같은 기술을 자랑했던 것을 상기해봅시다. 이런 것들은 모두 나름대로 가치 있는 기술이지만, 거기에는 문화나 프로세스, 시스템이 결여돼 있습니다. 양들은 각자 가지고 있는 기술을 함께 나누지 않았고, 양떼 전체를 위해 더 가치 있게 사용하지도 않았습니다. 양들이 각자 학습한 것을 한데 모아 더 정교하게 만들고 제도화했을 때, 비로소 그들 자신도 상상하지 못했던 일을 해낼 수 있었습니다. 그들은 그때서야 연못을 만들 수 있었고, 그렇게 함으로써 자신들의 존재 가치를 높이고 무리를 더 크게 성장시킬 수 있었습니다.

학습조직(learning organization)의 당면 과제는 이처럼 학습을 제도화하여, 자신들이 원하는 미래를 함께 창조해가는 것입니다. 아직도 많은 조직들은 이것을 시작조차 못하고 있습니다. 양들이 깨달았듯이, 성장의 기회는 언제나 있습니다. 그러나 이러한 기회를 잡기 위해서는(또는 보기라도 하려면) 학습이 절대적으로 필요합니다.

학습조직 만들기

조직이(양떼든, 전세계적인 다국적 기업이든) 학습문화를 창조하기 위해서는 다음과 같은 세 영역에서 변화해야 합니다. 이 세 가지는 학습조직 이론가 피터 센게(Peter Senge)가 『제5 경영 필드북』에서 정립한 것입니다.

1.지도이념(guiding ideas)

지도이념은 학습문화 창조를 위한 첫번째 영역입니다. 공개적으로 명시돼 있든 아니든, 모든 조직을 움직이는 것은 그것의 이념, 비전, 가치, 목표입니다. 지도이념은 초고속 승진일 수도 있고 더 많은 연봉일 수도 있습니다. (다행히도 대부분의 지도이념은 좀더 건설적인 것입니다.)

앞의 이야기에서 양들은 처음에, 소극적이고 암묵적인 지도이념에 따라 행동했습니다. 즉 그들은 '우리는 늑대의 희생물이고, 살아남는 것만도 다행'이라는 식으로 생각했습니다. 그때 오토는 "더 이상 양들이 늑대의 아침식사 거리로 죽지 않아도 되는 날"에 대한 자신의 꿈, 곧 새롭고 강력한 지도이념을 펼쳐보였습니다. 이러한 새로운 비전은 양들을 완전히 다르게 행동하도록 이끌었습니다.

그러나 지도이념이 궁극적인 것은 못 된다는 것을 명심하십시오. 그것은 대체로 스스로 한계를 드러냅니다. 즉, 오토의 비전은 늑대의 침입을 막아낸 다음에 어떻게 해야 하는지에 대해서는 답해주지 않습니다. 단순히 '죽지 않는 것'을 넘어 더 큰 목적을 품게 하는 더 강력한 지도이념이 필요합니다.

또한 자연의 먹이사슬을 흔들어놓음으로써 일어날 수 있는 잠재적 문제를 생각해야 합니다. 늑대들의 수는 감소하는데 양들의 수는 계속 증가한다면, 생태계의 균형이 깨지게 되고 결국 큰 혼란을 초래할 것입니다. 우리는 시스템 사고(systems thinking)를 함으로써 이러한 복잡한 역학관계를 분석할 수 있습니다.

오토와 다른 양들이 품었던 비전이 비록 완전하지는 못했지만, 그것은 분명 좋은 출발이었습니다.

학습문화는 새롭고 매력적인 많은 지도이념을 낳습니다. (예를 들어, "나는 조직과 따로 떨어져선 일할 수 없어." "내가 세상을 바라보는 관점에 따라 결국 현실세계도 달라지는 거야." 등등) 지도이념은 세상에 대한 새로운 접근방식으로서, 개인적 차원에서 큰 영향을 미칩니다. 많은 사람들이 학습에 대해 불안하고 혼란스럽게 느끼는 것도 바로 이 때문입니다.

2.이론, 방법, 도구

적절한 이론, 방법, 도구는 학습문화 창출을 위한 두번째 영역으로, 새로운

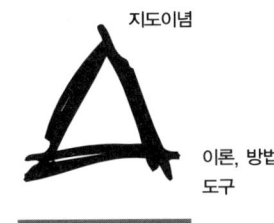

사고방식을 의미합니다.

마리에따는 "만약 우리가 정말 늑대를 막을 수 없는 것이 아니라면?" 하고 완전히 새로운 '이론'을 제시해 아주 중요한 돌파구를 마련합니다. 그것은 오래 된 신념에 대한 용기 있는 도전이었습니다. (이에 대해 "그 조그만 암양이 우리의 소중한 유산을 조롱거리로 만들고 있군" 하고 불평했던 것을 상기해보십시오.)

새로운 이론을 도입하는 것은 출발 단계에 속합니다. 그 새로운 이론을 테스트하고 시도해보기 위해서는 방법과 도구가 중요합니다. 앞의 이야기에서 양들이 한 노력은 상대적으로 간단한 것이었습니다. 양들은 마지막 회의를 하면서, 그들이 그 동안 가지고 있었던 신념을 바꾸는 것이 얼마나 어려운 일이었는지 고백하고, 새로 알게 된 정보를 서로 나누었습니다. 이러한 대화가 바로 양들이 의사소통하는 새로운 '방법'이었던 것입니다.

3. 인프라의 혁신

인프라의 혁신은 학습문화 창조를 위한 변화의 마지막 영역입니다. 조직 구성원들은 어떻게 새로운 지도이념, 이론, 방법, 도구를 얻을 수 있을까요? 효과적인 학습문화를 위해 그들은 어떤 식으로 협력해야 할까요? 학습문화 활성화를 위해 우선적으로 힘써야 할 일은 무엇일까요?

이러한 질문들은 모두 인프라의 필요성을 말해줍니다.

　인프라의 적절한 예로 마리에따의 다음과 같은 말을 들 수 있습니다. "늑대에 대한 정보를 가능한 한 많이 알아보자. 그런 다음 각자 모은 정보를 나눠보도록 하자." 다시 말해, 양들은 새로운 인프라로서 정보를 모으고 공유하는 네트워크를 형성했던 것입니다. 이것은 아주 기초적인 것으로 보이지만, 인프라임에는 틀림없습니다. 양들은 이 간단한 혁신을 통해 놀랄 만한 수준의 공동학습을 이루어낼 수 있었습니다.

　회사로서는 학습 인프라를 어떻게 활성화할 수 있을까요? 이 문제와 관련해 흔히 하는 실수는 학습을 하나의 프로그램처럼 여긴다는 점입니다. 학습은 단순히 교육 세미나나 트레이닝 매뉴얼, 구호, 커피타임 같은 것으로 이루어지는 것이 아닙니다. (사실 이러한 '트레이닝 세미나' 식 접근법을 포기하는 것 자체가 많은 기업들에게는 하나의 인프라 혁신일 수 있습니다.) 학습이란 우리가 개인 차원에서 선택하는 기업 추동력입니다. 개인들이 학습과 자기 발전에 전념할 때 조직 내 학습 문화가 확립될 수 있습니다.

세상을 바꾸는 힘

학습은 훈련(discipline)*입니다. 학습은 새로운 행동방식이고, 더 중요하게는 새로운 존재방식, 인식방식입니다. (이것이 많은 트레이닝 세미나식 접근이 학습문화를 창조하는 데 실패하는 한 이유입니다. 학습은 차트상에서가 아니라 경험의 영역에서 일어나는 것입니다.) 이런 종류의 학습을 시작하는 사람은 '각성'이라고 말할 만한 뜻깊은 경험을 하게 됩니다. 그들은 세계와 그 속에서의 자신의 위치를 완전히 다르게 보기 시작합니다.

양들은 자신들을 늑대로부터 지켜주고 삶의 질을 향상시켜주는 연못을 만들었습니다. 그것은 놀라운 공동 성취였습니다. 하지만 자세히 들여다보면, 이러한 행동의 변화와 성취가 양들 각자의 개인적 수준에서 비롯했음을 알 수 있습니다. 즉, 각각의 양들이 변했기 때문에 무리 전체가 변할 수 있었습니다. 이런 변화는 다음과 같은 세 영역에서 일어납니다.

---

*여기서 discipline은 '강요한 명령이나 규율' '처벌의 수단, 징벌'이 아니라 피터 센게가 정의한 대로, '실천에 옮기기 위해서 반드시 배우고 익숙해져야 할 이론과 기법의 집합체'를 의미한다. 즉 학문을 연마하듯 평생에 걸쳐 실천해야 할 어떤 것이다.

1. 새로운 기술과 능력

우리가 학습하고 있다는 것을 어떻게 알 수 있을까요? 피터 센게에 따르면, "전에는 할 수 없던 것을 할 수 있게 됐을 때" 우리는 학습한다고 말할 수 있습니다. 예를 들어 제롬이 코로 돌을 밀어 쌓는 방법을 배운 것은 훌륭한 학습입니다. 또 그러한 기술을 늑대로부터 양떼를 보호하기 위한 연못을 만드는 데 사용한 것은, 제롬에게 훨씬 더 수준 높은 의미에서의 학습이자 기술 습득이었습니다.

2. 새로운 의식과 지각

새로운 능력과 기술의 습득은 새로운 의식과 지각을 가능케 합니다. 이것을 더 높은 수준의 통찰, 또는 시스템에 대한 더 깊은 이해라고 부를 수도 있습니다. 이러한 통찰을 가질 때, 우리는 비로소 이제까지 명백해 보였던 가정이나 경험을 다시 생각해볼 수 있습니다.

예를 들어 양들은 "늑대들은 비가 온 후에는 오지 않고, 덥고 건조할 때 훨씬 자주 온다"는 사실을 깨닫습니다. 이것은 아주 명백한 사실이었는데도 왜 양들은 더 일찍 그것을 깨닫지 못했을까요? 분명히 양들은 이런 패턴을 관찰할 수 있는 기회가 충분히 있었는데 말입니다.

양들이 이렇듯 명백한 늑대들의 행동 패턴을 알아채지 못했던 것은, 양들이 이제까지 그려왔던 현실에 대한 상과 그것이 일치하지 않았기 때문입니다. 마리에따가 그들이 가지고 있는 믿음을 바꾸기 위해 끈질기게 노력한 후에야("우리는 모두 늑대를 막을 수 없다고 말하지만, 만약 그게 진실이 아니라면?"), 양들은 현실을 다시 보고 이미 활용 가능했던 정보를 다시 검토해볼 수 있었습니다. 즉, 자신들의 편견을 버리고 나서야 양들은 정보를 제대로 볼 수 있었던 것입니다.

3.새로운 태도와 신념

새로운 의식은 궁극적으로 새로운 신념을 갖게 합니다. 이야기의 마지막 부분에서, 양들은 "어쩌면 늑대는 우리가 생각했던 것처럼 그렇게 영리한 게 아닐지 몰라. 늑대를 정말 막을 수 있을지도 몰라"라는 새로운 집단적 자각을 경험합니다. 양들이 이러한 새로운 신념을 갖자, 갑자기 상황이 급변했다는 사실이 놀랍지 않습니까?

자신이 언제라도 죽을 수 있다는 의식을 갖고 삶을 사는 사람은, 자신은 그러한 위험에서 상대적으로 안전하다고 믿으며 사는 사람과는 완전히 다른 인생경험을 합니다.

세상에 대한 양들의 신념은 그들이 세상을 경험하는 방식에 엄청난 영향을 미쳤습니다. 여러분이 세상을 바라보는 방식을 바꾸면, 여러분은 물론 세상 자체도 변합니다. 양들이 세상에 대한 새로운 신념을 가졌을 때, 그 결과는 즉각적이고도 강력한 것이었습니다. 그들의 생활양식("생존에 대한 두려움이 자신감으로 바뀌었다……."), 그들의 미래("늑대는 오지 않았다…… 양들은 더 이상 사라지지 않았다…….."), 그리고 초원의 풍경 등 모든 것이 변했습니다. 이 이야기는 조직 내 개인들이 끊임없이 성장하고 학습할 때 조직이 갖게 되는 강력한 힘에 관한 은유입니다.

어디서부터 시작할까

피터 센게는 『제5 경영(the fifth discipline)』에서 개인과 조직이 학습문화를 창조하기 위해 채택해야 할 다섯 가지 훈련지침에 대해 자세히 설명하고 있습니다.

그 다섯 가지 훈련지침을 간단히 요약하면 다음과 같습니다.

1.시스템 사고

우리가 살면서 겪는 일들은 보이는 것처럼 그렇게 간단하거나 직접적이지 않습니다. 시스템 사고는 시스템 역학(자연, 가족, 경제, 신체, 기업 등 모든 시스템을 지배하는 패턴과 구조를 연구하는 학문 분야)을 응용한 것입니다. 양들이 처음에 갖고 있던 인과적 세계관은 "늑대는 배가 고프다, 따라서 늑대는 양을 잡아먹는다"와 같이 단순한 것이었습니다. 그러나 양들은 날씨, 늑대의 한계, 그리고 자신들의 편견 같은 여러 가지 변수들이 복잡한 인과관계 속에서 서로 상호작용하며 영향을 미치는 커다란 시스템이 있음을 발견했습니다. 결국 양들은 이 커다란 시스템에 대한 인식을 넓힘으로써 세상을 변화시킬 힘을 갖게 되었습니다.

2.개인적 숙련(personal mastery)

개인적 숙련이란 여러분이 원하는 결과를 효율적으로 창조하는 능력을 가리킵니다. 개인적 숙련에 정통한 사람은 지속적으로 자신을 발견해갑니다. 우리는 오토나 마리에따에게서 이러한 특성을 관찰할 수 있습니다. 그들은 기꺼이 전통적 사고에 도전하고, 무리에 맞서며, 스스로 학습을 해나갑니다. 개인적 숙련에 최선을 다하지 않는 사람은 자신을 둘러싼 세상의 희생양이 될 수밖에 없습니다. ("저 쓸모 없는 울타리가 조금만 더 높았다면……" 하고 불평하던 양을 떠올려보십시오.)

3.사고 모델(mental models)

사고 모델이란 뿌리깊이 박힌 비전, 혹은 세상을 향한 일련의 믿음과 가정을 뜻합니다. 우리는 누구나 사고 모델을 가지고 있습니다. 사고 모델을 갖지 않는 것은 불가능합니다. 다음은 사고 모델의 몇 가지 예입니다.

- 사람이란 기본적으로 신뢰할 만하다.
- 우리 조직은 그 잠재력을 최대한 발휘하고 있다.
- 만약 내가 결혼을 한다면(승진을 한다면…… 등등), 행복해질 것이다.
- 우리는 늑대를 막을 수 없다.

이러한 주장들이 사실이냐 거짓이냐는 중요하지 않습니다. 사고 모델은 본질적으로 좋다, 나쁘다는 식의 가치판단을 할 수 있는 것이 아닙니다. 사고 모델은 단지 우리가 세상을 이해하기 위해 끝없이 많은 정보를 분류하고, 맥락에 맞게 재배열하는 뇌의 방식일 뿐입니다.

여러분이 일단 세계관을 정립하면, 그것을 바꾸는 것은 쉬운 일이 아닙니다. 특히 자신의 사고 모델의 존재에 대해 모를 때는 더욱 그렇습니다. 재미있는 것은, 여러분이 위의 예와 같은 어떤 진술을 믿는다면 그것은 적어도 자신에게 하나의 진리로 굳어진다는 점입니다. 이것을 '자기 실현 예언'의 원리라고 합니다.

사고 모델은 우리에게 강력한 힘을 행사합니다. 그러나 학습문화 속에서, 우리는 기존의 사고 모델을 지키고 정당화하려는 요구에서 벗어나, 새로운 사고 모델에 도전하고 시도해볼 수 있습니다. 자기 자신의 사고 모델과 다른 사람의 사고 모델을 면밀히 재검토함으로써, 여러분을 둘러싼 복잡한 세상에 대한 이해를 넓히고 새로운 통찰력을 얻을 수 있습니다.

4.비전의 공유(shared vision)

센게는 "진정한 의미에서의 비전을 가질 때라야(천편일률적인 '기업사명문' 같은 것이 아니라), 사람들은 강요에 의해서가 아니라 진정 그들이 원해서 학습하고 능력을 발휘한다"고 했습니다. 참다운 비전의 공유를 확립하는 것은 리더십의 오랜 목표였습니다. 양들의 예에서 우리는 비전에 저항하는 양과 비전을 수용하는 양을 모두 볼 수 있습니다. 만약 오토의 비전이 그들의 생사와 관련한 중대한 것이 아니었다면, 양들의 저항은 더욱 컸을 것입니다.

5.팀 학습(team learning)

만약 어떤 팀이 구성원 개인적으로 할 수 있는 것 이상의 일을 성취한다면, 그것은 개인의 우수성과는 별도로 그 팀이 '팀 학습'을 하고 있음을 뜻합니다. 또 팀이 진정한 의미에서의 학습을 할 때, 구성원 개개인은 더욱 빨리 성장할 수 있습니다. 조직이 어떤 특별한 일(이야기 속의 양들이 연못을 짓는 것과 같은)을 성취하기 위해서는 활발한 의사소통을 통해 구성원들이 서로의 생각을 나누고 격려하며 방어적 태도를 버려야 합니다.

이상으로 조직 내 학습문화 창조를 위한 훈련지침을 간단히 소개했습니다. 이제 우리의 처음 질문으로 돌아가봅시다. 어디서부터 시작해야 할까요?

여기 몇 가지 아이디어가 있습니다.

- 우선, 여러분 자신의 사고 모델을 진단해보십시오. 양들이 "우리는 늑대를 막을 수 없어"라고 생각했듯, 혹시 여러분도 어떤 그릇된 신념을 갖고 있지는 않습니까?

- 여러분이 학습한 내용을 다른 사람들과 나누어보십시오. 〈늑대 뛰어넘기〉의 은유를 여러분의 조직에 어떻게 적용할 수 있을지 생각해보십시오. 여러분의 의견을 학습문화 원리에 관심이 있는 다른 사람들과 얘기해보십시오.

- 더 많이 배워보십시오. 학습문화의 가능성에 흥미가 생겼다면 이에 대해 더 알아보십시오. 피터 센게의 『제5 경영』은 좋은 안내서가 될 것입니다.

학습은 하나의 여행이라는 것을 기억하십시오. 학습은 기술이나 테크닉이 아니라 훈련입니다. 학습은 세상을 바라보는 방식이며 성장과 발견에 관한 것입니다.

양들은 모두 힘을 합쳐, 초원의 연못을 중심으로 평화롭고 풍요로운 삶을 창조했습니다.

여러분은 어떤 현실을 창조하고 싶습니까?

옮긴이의 말

날로 급변하는 정보화·세계화의 물결 속에서, 요즘 기업들의 최대 화두는 단연 '조직혁신'과 '지식경영'이라고 할 수 있다. 그리고 그 방법론으로 빈번히 언급되는 것이 '학습조직(learning organization)'이다. 그러나 의외로 학습조직을 제대로 이해하고 실천하는 조직은 드물다. 피터 센게(Peter M. Senge)의 『제5경영(the Fifth Discipline)』이 아무리 학습조직의 바이블이라 해도, 일반인이 이해하고 따라하기에는 다소 어려운 감이 있다.

『늑대 뛰어넘기』는 늑대와 양의 우화라는 형식을 빌려 우리에게 쉽게 말을 건다. 그리고 생각하게 만든다. 양떼라는 가장 허약한 조직이 새로운 비전 아래 한데 뭉쳐 학습하는 조직으로 탈바꿈하는 순간, 그들은 늑대라는 강적도 막아낼 수 있었다. 이제까지 조직을 한계지웠던 전통적인 사고, 고정관념, 사고모델을 냉철히 분석해보고, 보다 원대한 비전을 세우고, 그 속에서 각자의 기술과 정보를 나누는 시스템을 만들어간다면, 우리도 놀라운 변화를 이루어낼 수 있다.

그것이 '학습은 훈련(discipline)이다'의 참된 의미다. 학습이란 세미나나 트레이닝이 아니며, 테크닉이나 스킬의 단순한 전수·습득도 아니다. 학습은 조직의 차원에서는 문화·프로세스·시스템이며, 개인의 차원에서는 인식과 행동의 변화를 수반하는 일종의 깨달음이다. 여러분도 부디 이를 깨달아 늑대를 뛰어넘는 현명한 양이 되길 바란다.

옮긴이 김철인은 서울에서 태어나 고려대 영문과 및 동 대학원을 졸업하고, 지금은 전문번역가로 활동 중이다.

늑대 뛰어넘기

지은이 데이비드 허친스
옮긴이 김철인

초판 1쇄 발행 2001년 9월 25일

기획실장 권형술 기획팀 연진희
편집장 진선희 편집1팀 이기홍 · 김수진 편집2팀 김경희 편집3팀 진용진 · 이주영 북디자인 정계수
마케팅팀 임종익 · 차영호 · 구본산 · 최명희

펴낸곳 바다출판사
펴낸이 김인호
출판등록일 1996년 5월 8일   등록번호 제10-1288호
주소 서울시 마포구 서교동 395-141
전화 322-3885(편집부), 322-3575(영업부)   팩스 322-3858
E-mail badamda@chollian.net
ISBN 89-5561-003-3 03320
ISBN 89-5561-000-9 (set)

* 값은 뒷표지에 있습니다.